BEI GRIN MACHT SICH IHR WISSEN BEZAHLT

- Wir veröffentlichen Ihre Hausarbeit, Bachelor- und Masterarbeit

- Ihr eigenes eBook und Buch - weltweit in allen wichtigen Shops

- Verdienen Sie an jedem Verkauf

Jetzt bei www.GRIN.com hochladen und kostenlos publizieren

Klaus Genschmar

Schulseelsorge - eine besondere Form der pädagogischen Interaktion

GRIN Verlag

Bibliografische Information der Deutschen Nationalbibliothek:

Die Deutsche Bibliothek verzeichnet diese Publikation in der Deutschen National-
bibliografie; detaillierte bibliografische Daten sind im Internet über http://dnb.d-
nb.de/ abrufbar.

Impressum:

Copyright © 2005 GRIN Verlag GmbH
Druck und Bindung: Books on Demand GmbH, Norderstedt Germany
ISBN: 978-3-638-77103-0

Dieses Buch bei GRIN:

http://www.grin.com/de/e-book/59695/schulseelsorge-eine-besondere-form-der-
paedagogischen-interaktion

GRIN - Your knowledge has value

Der GRIN Verlag publiziert seit 1998 wissenschaftliche Arbeiten von Studenten, Hochschullehrern und anderen Akademikern als eBook und gedrucktes Buch. Die Verlagswebsite www.grin.com ist die ideale Plattform zur Veröffentlichung von Hausarbeiten, Abschlussarbeiten, wissenschaftlichen Aufsätzen, Dissertationen und Fachbüchern.

Besuchen Sie uns im Internet:

http://www.grin.com/

http://www.facebook.com/grincom

http://www.twitter.com/grin_com

Friedrich-Schiller-Universität Jena
Institut für Erziehungswissenschaften

Sommersemester 2005

Proseminar:
Psychologie der pädagogischen Interaktion

Thema: „Schulseelsorge – eine besondere Form der pädagogischen Interaktion"

Angaben zum Verfasser:

Klaus Genschmar

6. Fachsemester: LA Gym. Geschichte/Ev. Religionslehre

Clingen, den 28.07.2005

Inhaltsverzeichnis:

Einleitung

Schulseelsorge – eine besondere Form der pädagogischen Interaktion. Warum? Ich denke gerade deshalb, weil sie die Möglichkeit bietet, Interaktionen zwischen Schüler und Schüler, Lehrer und Schüler, Lehrer und Lehrer bzw. auch die Interaktion von Eltern und Lehrern auf eine ganz besondere Weise zu beleben.

Schulseelsorge versteht sich in erster Linie als Begleitung, sowohl bei Prozessen innerhalb des Schulalltags, als auch innerhalb der einzelnen Individuen der Schule selbst. Schulseelsorge ist dabei offen für jede Form von Zusammenarbeit. In erster Linie steht sie durch Beratungsgespräche mit eher privaten Inhalt von Schülern- und Schülerinnen und deren Eltern sowie den Kollegen und Kolleginnen zur Verfügung. Daneben kann sie aber auch durch gemeinsame Veranstaltungen zur geistigen Besinnung, Orientierungstagen usw., Gefühlen, Ängsten, aber auch einfach nur inneren Gedanken zum Ausdruck verhelfen. In dieser Funktion geht Schulseelsorge weit über die Institution des Beratungslehrers hinaus, insbesondere aufgrund ihrer christlichen Lebenseinstellung. Im Gespräch mit Schülern oder Lehrern ist sie da um Zuzuhören. Sie bietet keine Therapien an, kann aber psychologische Begleitung vermitteln.

In dieser Hausarbeit soll im ersten Teil auf die Wurzeln der Schulseelsorge und ihren Arbeitsformen eingegangen werden. Danach werden im zweiten Teil verschiedene Seelsorgekonzeptionen aus dem 20. Jahrhundert vorgestellt und es soll danach gefragt werden, ob und wie diese für die Schulseelsorge von Nutzen sind. Im letzten Teil wird kurz darauf eingegangen, wie sich Religionsunterricht und Schulseelsorge ergänzen können.

Die Hausarbeit soll und will die Institution der Schulseelsorge lediglich kurzgefasst vorstellen, damit sich der Leser ganz allgemein ein Bild von dieser besonderen Form der Interaktion machen kann.

Hauptteil: „Schulseelsorge – eine besondere Form der pädagogischen Interaktion"

1. Schulseelsorge und ihre Wurzeln

1.1 Begriff und Geschichte

Die Bezeichnung „Schulseelsorge" kam um etwa 1950 im katholischen Raum auf und umfasste alle pastoralen Bemühungen, Kinder und Jugendliche über den Religionsunterricht und den Schulgottesdienst hinaus zum Glauben und zur religiösen Praxis zu erziehen. Die damalige kerygmatische (das Evangelium verkündende) Ausrichtung des Religionsunterrichts begünstigte die Vorstellung, pastorale und religionskirchliche Vollzüge auf das Engste mit der Schule verbinden zu können. Auch im evangelischen Raum blieb der Begriff „Schulseelsorge" zunächst fremd, weil „Seelsorge" an sich nicht so sehr als institutionalisierbare und organisierbare Veranstaltung, sondern als beratend-heilende und vergebende Zuwendung zum Einzelnen verstanden wurde. Die Reformen des Schul- und Bildungswesens seit 1965/1970 und die Entscheidung, den Religionsunterricht schultheoretisch im Schnittpunkt von Theologie und Pädagogik, von Gesellschaft und Kirchen zu begründen, beendete dann vollends das Miteinander von Schule, Unterricht und Seelsorge. Die Kirchen stiegen dafür intensiv in die Diskussion um die Zukunft der öffentlichen Schule ein, modernisierten das freie kirchliche Schulwesen, festigten den konfessionellen Religionsunterricht, forcierten die Fortbildung der Religionslehrerschaft und bauten pastorale Angebote (z.B. Gestaltung von Schulgottesdiensten, Schaffung von Stellen zur Beratung und Krisenintervention) aus. Man ließ sich nicht mehr von der Überlegung leiten, was man selbst als Kirche von der Schule habe, sondern was man im Sinne eines uneigennützigen Dienstes zugunsten der Schule zu leisten fähig und bereit ist.

„Moderne Schulseelsorge" versteht sich also als eine neue Form kirchlicher Präsenz in der Schule. Sie soll für die Schüler- und Lehrerschaft eine Art Lebensbegleitung sein, die Angebote im Sinne einer erlebbaren christlichen Religiosität bietet. „Schulseelsorge" im modernen Sinne hat sich also rückblickend aus verschiedenen Teilbereichen, nämlich der Religionspädagogik, der Jugendarbeit und der Seelsorge, entwickelt:[1]

---

[1] Vgl. BITTER, Gottfried [Hrsg.]: Neues Handbuch religionspädagogischer Grundbegriffe, München, 2002, S. 358/359.

4

(1) In der Religionspädagogik setzte sich zunehmend die sog. Schüler- oder Erfahrungs-orientierung durch, d.h. Alltagserfahrungen der Schüler werden im schulischen Lern-prozess reflektiert. Da gleichzeitig die Nähe der Jugendlichen zur Kirche abnahm, sollten die Schüler zum einen im Religionsunterricht lernen, Religion als Dimension der Wirklichkeit wahrzunehmen, zum anderen sollten im und außerhalb des religion-sunterrichtlichen Rahmens den Schülern Angebote gemacht werden, christliche Reli-gion erleben und erfahren zu können. Zu diesen Angeboten zählen u.a. Pausenandach-ten oder Tage der religiösen Orientierung. Darüber hinaus entwickelte sich aber auch eine neue Form der außerschulischen Aktivität, die das Bestreben hatte, den Erzie-hungsauftrag von Schule in Kooperation mit außerschulischen Partnern zu verstärken. In diese Richtung zielte eben auch eine neue Form der Seelsorge.

(2) Die Jugendarbeit stand und steht als eigenes Sozialisationsfeld für Freiwilligkeit, eh-renamtliches Engagement, Selbstbestimmung, Rollenvielfalt usw.. Die Schule dage-gen dehnt ihr Freizeit- und AG-Angebot zeitlich immer mehr nach hinten aus. Die Ju-gendarbeit wird somit verstärkt durch Hauptberufliche getragen. Dennoch will man immer auch da präsent sein, wo die Jugendlichen ihre meistens Zeit verbringen, näm-lich in der Schule oder in Schulnähe. In diesem Sinne kann die Kirche die Träger-schaft für die Schulsozialarbeit mit übernehmen. So können Schulpfarrer und Schul-pfarrerinnen, aber auch Lehrer und Lehrerinnen, durch einen kirchlichen Zusatzauftrag als Schulseelsorger arbeiten. Über den Hintergrund in der Jugendarbeit und dem Reli-gionsunterricht hinaus wollen sie die Bedürfnisse der Schüler und Schülerinnen nach Orientierung und Sinn befriedigen.

(3) Die kirchliche Präsenz im Bereich der Seelsorge reicht über die Militär-, Gefängnis-, Krankenhaus- und Altersheimseelsorge bis hin zur telefonischen Seelsorge oder der Notfallseelsorge. Die Kirche steht aber auch vor der Herausforderung, auch seelsorge-risch im Alltag von Kindern und Jugendlichen präsent zu sein. Schulseelsorge kann als neue Form kategorialer Seelsorge an jungen Menschen verstanden werden, was für die bisher betriebene allgemeine Seelsorge ein kaum betretenes Feld ist. Daher müssen die traditionellen Seelsorgekonzepte ergänzt und angepasst werden. Schulseelsorge soll in Bezug auf die Probleme der jungen Menschen keine Art Therapie sein, sondern eher Beratungs- und Lebensbegleitung.

Schulseelsorge ist aber im Vergleich zum Religionsunterricht nicht rechtlich abgesichert. Sie stellt grundsätzlich ein freies Angebot der Kirche an die Schule dar. Schulseelsorge kann da-durch aber auch freier, unbestimmter und zugleich unabhängiger in der Gestaltung der Kooperation im Vergleich zum Religionsunterricht ablaufen. Moderne Schulseelsorge vollzieht sich zudem in einer Gesellschaft, in der sich die Grundstimmung verändert: dem Einflussverlust der Kirche. Hinzu kommen kirchenexterne, die Schule betreffende Krisenphänomene, wie z.b. die zunehmende Gewaltbereitschaft von Jugendlichen, dem Ausfall familiärer Sozialisationseffekte oder der Zunahme ungünstiger Umweltbedingungen schulischen Lernens.

„Schulseelsorge konstituiert sich also nicht über den Verordnungsweg per Dienstanweisung, sondern aufgrund von an Personen sowie an Interaktionssysteme gebundene Motivlagen, die zeitliche, soziale und sachliche Ressourcen freisetzen, um Personen bzw. Strukturen zu verändern. Deshalb ist davon auszugehen, dass die schulseelsorglichen Angebote sich (freien) Initiativen verdanken, die durch ihr Auftreten situative Bedürfnislagen mit entsprechenden Erwartungen symbolisieren: einerseits dadurch, dass sie selbst Ausdruck entsprechender Bedürfnisse und Erwartungen sind, andererseits dadurch, dass sie (neue) Bedürfnisse und Erwartungen hervorrufen."[2]

1.2 Schulseelsorge oder Schulpastoral?

In der katholischen Kirche wurden in den 70er Jahren durch die Verbände Besinnungstage, religiöse Schulwochen usw. angeboten. Genannt wurden diese „Schülerforum" oder „Schülerseelsorge". Die Schülerarbeit der Jugendverbände war zuständig für den Glaubensvollzug, während der Religionsunterricht die Glaubenslehre zu leisten hatte. Der Beschluss der Würzburger Synode zum Religionsunterricht wollte den Gegensatz zwischen Schulreligion und gelebter Religion im Alltag des Schullebens aufheben. Schulseelsorge wurde nun als notwendige Ergänzung zum Religionsunterricht gesehen. An jeder Schule sollte eine Priester, Diakon oder Laie Angebote machen und zu überörtlichen Angeboten der Jugendverbände vermitteln. Die Orden sollten helfen, Schulseelsorge aufzubauen. Dies mündete in den ersten Grundlagentext zu Schulpastoral (1989), herausgegeben durch die Vereinigung Deutscher Ordensobern (VDO). Dieser Text wählte den Begriff „Pastoral", der dem Kirchenverständnis des Zweiten Vatikanischen Konzils entspringt und dem es um eine ganzheitliche Ausrichtung des kirchlichen Sendungs- und Heilsauftrages als eine dauerhafte und umfassende Begleitung des Kirchenvolks geht. Auch die deutschen Bischöfe (1996) sprechen von Schulpastoral als eine wesentliche Funktion der Unterrichtsarbeit selbst.

---

[2] LAMES, Gundo: Schulseelsorge als soziales System: ein Beitrag zu ihrer praktisch-theologischen Grundlegung, Stuttgart [u.a.], 2000, S. 224.

Inhaltlich unterscheiden sich Schulseelsorge und Schulpastoral kaum. In den Schulen wird zwischen der evangelischen und der katholischen Schulseelsorge eng miteinander kooperiert und es ist zu erwarten, dass sich die Bezeichnung Schulseelsorge durchsetzen wird.

1.3 Arbeitsformen der Schulseelsorge

1. Begleitungs- und Beratungsgespräche:
Im Zentrum der Schulseelsorge stehen die Individuen der Schule, d.h. die Schüler und Schülerinnen, aber auch die Lehrerschaft, sowie die Mitarbeiter in der Verwaltung und die Eltern. Da die Schulseelsorger als Lehrer oder Schulpfarrer fest im System der Schule verankert sind, haben sie gute Möglichkeiten, als Lebensbegleiter zu helfen. Die Begleitungs- und Beratungsarbeit der Schulseelsorge hat eine eigene Form. Schulseelsorge kennt kaum Sprechstunden. Die meisten Kontakte und Gespräche finden direkt im Unterricht oder zwischen „Tür- und Angel" statt. Die Anlässe für Gespräche sind unterschiedlich wie die Schüler selbst, z.b. eine schlechte ? oder Probleme mit Freund/Freundin. Größere und schwerwiegendere Probleme (z.b. frühe Schwangerschaft oder gar Suizid) können aber auch in weiteren, verabredeten Gesprächen oder in einer längeren Begleitung münden. Meist sollte dafür ein eigener Schulseelsorgeraum vorhanden sein.

2. Bildung- und Freizeitveranstaltungen:
Schulseelsorge will und kann über den Unterricht hinaus mit Schülern in Kontakt treten und bietet daher Orientierungstage, Wochenendfreizeiten oder Studientage an. Zu den Gruppenangeboten können aber auch Arbeitsgemeinschaften am Nachmittag, wie z.B. Meditationsangebote oder Gitarrenkurse gehören.

3. Gestaltung von Schule als Lebensraum:
Die Schulseelsorge vernetzt sich hier mit anderen Aktivitäten in der Schule (Kontakt und Unterstützung mit Kollegium und Schulleitung usw.). Zur Gestaltung der Schule als Lebensraum gehören Andachten und Schulgottesdienste, also Momente, in denen gemeinsam innegehalten, Freude und Leid vor Gott ausgesprochen wird. Dort, wo Menschen eben sprachlos geworden sind, kann die Schulseelsorge sie mit Worten, Liedern und Symbolen unterstützen.

4. Vernetzung mit dem Umfeld:

Die Möglichkeiten und die Probleme in der Schule hängen auch mit ihrem Umfeld zusammen und sollen in Kooperation mit dem Umfeld gelöst werden. Die Schulseelsorge kooperiert darum mit kirchlichen und nicht-kirchlichen Einrichtungen außerhalb der Schule, z.b. Einrichtung der Jugendhilfe, Diakonie, Caritas, Kinderschutzbund, Polizei usw..

2. Seelsorgekonzeptionen des 20. Jahrhunderts

2.1 Das Problem des Verhältnisses Theologie und Psychologie

Jede Seelsorgekonzeption verbindet sowohl theologische, als auch psychologische Aspekte in einem bestimmten Verhältnis. Häufig meint man, der Seelsorger sei nur ein verkappter Psychologe, der seine Psychologie auf Gott stütze. Umgekehrt heißt es aus dem Bereich der Theologie, der Psychologe sei nur ein verkappter Pseudotheologe, da die Psychologie für ihn eine Art Ersatzreligion sei. Ist die Psychologie also nur eine Hilfswissenschaft der Theologie, da die Theologie nur mit Dingen zu tun hat, die die Psychologie noch nicht innerseelisch erklären kann? Oder ist Seelsorge doch Psychotherapie im kirchlichen Kontext?

Klar ist, dass die Theologie den Menschen im Lichte von Gottes Gnadenwahl sieht und sich kritisch zu einer humanistischen Anthropologie verhält, die dem Menschen grundsätzlich einen freien Willen zu sich selbst zubilligt, während sie sich aber auch darum bemüht, die Gaben der Psychologie in der Bemühung um den Menschen zu würdigen. Die Psychologie dagegen sieht den Menschen als ein nach seinen Möglichkeiten suchendes Wesen mit einem freien Willen. Die Theologie unterscheidet bis in die Seelsorge hinein zwischen Gesetz und Evangelium und sucht die Rechtfertigung des Sünders allein aus der Gnade Gottes. In dieser Funktion sucht sie die Psychologie daran zu hindern, sich selbst zu überhöhen und religiös zu verklären, sondern vielmehr ganz profane Bemühung um den Menschen zu sein. Die Psychologie wendet sich der Erklärung des Menschen in seinen seelischen und sozialen Möglichkeiten zu und hindert die Theologie daran, das unableitbare Geschehen von Sünde und Gnade zu psychologisieren.

Folgende theologischen Seelsorgekonzeptionen stammen aus dem Bereich der Praktischen Theologie. Da die Praktische Theologie die Grundlage zu allen schulseelsorgerischen Konzepten bildet, ist es notwendig einige davon vorzustellen Diese müssen aber auch kritisch betrachtet werden und es muss gleichzeitig gefragt werden, inwieweit diese Konzeptionen auch bei der Schulseelsorge von Bedeutung sind.

2.2 Kerygmatische Seelsorge

a) Hans Asmussen

Hans Asmussen umschreibt in seinem Buch „Die Seelsorge" von 1934 Seelsorge als die ‚Verkündigung des Wortes Gottes an den einzelnen'[3]. Der Seelsorger kommt als Vertreter eines Amtes mit einem verbindlichen Auftrag und einem bestimmten Anspruch. Wichtig für das Gespräch ist die Offenheit des Seelsorgers, so dass sich der Seelsorgepartner ‚Angriffsflächen'[4] gibt, so dass er in seinen Worten ‚verhaftet'[5] wird, d.h. sich verrät als der, der er ist. In der Situation des Gesprächs wird verkündigt, d.h. es wird nicht argumentiert, sondern behauptet. Es bedarf keiner psychologischen Vermittlung, denn es kann nur der Heilige Geist und keine menschliche (tiefenpsychologische) Deutung die Sündenbekenntnis bewirken. Das Ziel der Seelsorge muss die ‚Begnadigung des Sünders'[6] sein. Die Rettung des Betroffenen erscheint also in Form göttlicher Verheißung und ist der Erfahrung unzugänglich. Asmussen sieht für konkrete Ratschläge die ‚Seelenführung'[7] zuständig, die sich zur Seelsorge verhält wie das Evangelium zum Gesetz. Sie hat die Aufgabe, die Gemeindemitglieder zu erziehen, ist eine gesetzliche Angelegenheit, die durch christliche Lehre und Predigt der göttlichen Gebote mit deutlicher Richtungsgebung in christlichen Leben in der Welt einweist. Seelsorge als evangelische Arbeit steht im Gegensatz zur Seelenführung als Erziehung/gesetzliche Arbeit. Beide ergänzen sich gegenseitig.

b) Eduard Thurneysen

Für Thurneysen ist Seelsorge ‚die Ausrichtung des Wort Gottes an den einzelnen in einer je und je bestimmten Situation'[8]. Ziel der Seelsorge ist es, den Glauben zu wecken, den einzelnen zum Wort Gottes zu führen, ihn in die Gemeinde einzugliedern und dabei zu erhalten. Das Seelsorgegespräch ist als Begegnung gedacht. In ihr geschieht eine Verwandlung der sich Begegnenden zu Nächsten durch die Kraft des Wortes. Der Mensch als dialogisches Wesen wird erst durch die Anrede zum Du, das sein Ich entdeckt. Der Seelsorger ist Träger und Übermittler des Wortes Gottes und hat sowohl dieses wie die Situation des Menschen auszulegen. Der Seelsorgepartner ist geprägt durch seine grundlegende Not der Gottesferne, die hinter jeden besonderen Not aufzuspüren ist. Im seelsorgerischen Gespräch geht es um seine

---

[3] Zit. nach: MÖLLER, Christian: Einführung in die praktische Theologie, Tübingen [u.a.], 2004, S. 159.
[4] Zit. nach: Ebd., S.159.
[5] Zit. nach: Ebd., S. 159.
[6] Zit. nach: Ebd., S. 159.
[7] Zit. nach: Ebd., S.160.
[8] Zit. nach Ebd., S.160.

9

Gotteserkenntnis. Auch bei Thurneysen ist die Ausrichtung des Seelsorgergespräches auf Sündenvergebung gerichtet. Unter ihrer Voraussetzung kann es zur Sündenbekenntnis kommen aufgrund der Überführung des Wort Gottes. Die Aufgabe des Seelsorgers ist es, dem Menschen mit Hilfe des Wort Gottes die Augen für eine neue Zukunft zu öffnen.

2.2 Pastoralpsychologische Seelsorge

a) Joachim Scharfenberg

Joachim Scharfenberg sieht Seelsorge als ,die göttliche Gabe der Solidarität eines gemeinsamen Fragens nach Wahrheit'[9] in einem zeitlich begrenzten Rahmen. Dem Ratsuchenden soll durch einen Zuwachs an Freiheit gegenüber triebhafter Gebundenheit durch sprachliche Aufarbeitung eines Traumata in gleichberechtigten Umgang zur Mündigkeit verholfen werden. Das biblische Wort hat dabei heilende Funktion, so dass Seelsorge ein christlich motiviertes Gespräch in einer konkreten Situation bedeutet. Aber auch tiefenpsychologische Aspekte haben für Scharfenberg eine besondere Bedeutung. So spielen bei ihm die Aufhebung des Autoritätsverhältnisses und Ansätze der Psychoanalyse eine wichtige Rolle. Die Person des Seelsorgers darf sich nicht bewusst als Autorität verstehen. Hörerbereitschaft, Offenheit, Solidarität, eine beziehungsfördernde Grundhaltung und kritische Selbstprüfung sind unbedingt notwendig. Der Seelsorger sollte Urteile, aktive Ratschläge, affektive Reaktionen usw. vermeiden. Dagegen werden Bereitschaft, den Ratsuchenden anzunehmen, gleichmäßiges Interesse und ein klar bemessener Zuwendungszeitraum gefordert.

b) Dietrich Stollberg

Dietrich Stollberg geht bei seiner Definition von Seelsorge von Luthers Unterscheidung zwischen Gesetz und Evangelium aus und kommt dadurch zu zwei Definitionen:[10]

1. Das generelle Proprium – oder Seelsorge unter dem Gesetz

Seelsorge ist eine Art Psychotherapieverfahren und somit analysierbar, methodisierbar, lehr- und lernbar. Also zwischenmenschliche Hilfe mit seelischer Hilfe.

2. Das spezifische Proprium – oder Seelsorge unter dem Evangelium

---

[9] Zit. nach Ebd., S.162.
[10] Vgl. MÖLLER, Christian: Einführung in die praktische Theologie, Tübingen [u.a.], 2004, S. 163.

Seelsorge ist im kirchlichen Kontext Glaubenszeugnis im geschichtlichen Prozess sich wandelnder Situationen. Sie geht in der Verkündigung der Freiheit Gottes über Psychotherapie.

Das Ziel der Seelsorge ist, dass sich der Klient als Sünder von Gott angenommen weiß und damit zu einer realistischeren Selbst- und Fremdeinschätzung gelangt, die ihm hilft, akute Krisensituationen zu bewältigen. Seelsorge sieht den Menschen wie er unter der Liebe Gottes ist. Die Seelsorge soll ihn befähigen, seine Selbstwahrnehmung realistischer zu gestalten und sich als Sünder, den Gott liebt, anzunehmen. Der Seelsorger selbst soll im Gespräch vor allem Zuhören. Dieses zuhörende Verhalten hat verkündigenden Charakter. Der Seelsorger braucht einen klaren theologisch-wissenschaftlich reflektierten Glauben und humanwissenschaftliche Grundkenntnisse, um begründet handeln zu können. Wichtiger aber noch als die Technik ist seine Haltung, die kritisch bewusst gemacht werden muss (z.B. durch klinische Seelsorgeausbildung, Gruppenverfahren usw.).

2.3 Weitere Seelsorgekonzeptionen

a) Trinitarische Seelsorge

Holger Eschmann versucht in seinem Buch „Theologie der Seelsorge. Grundlagen – Konstruktion – Perspektiven" zu zeigen, wie sich kerygmatische, therapeutische und spirituelle Seelsorge gegenseitig ergänzen und befruchten können und nicht blockieren müssen, wenn sie in ihrer Wahrheit vom Sinne der Trinität verstanden werden. Dann zeigen therapeutische Maßnahmen und alle Gesprächsmethoden, körperbezogene Übungen , die als Lebenshilfe dienen, dass sie im Horizont von Schöpfung und Erhaltung verstanden werden können: ‚Die Trinitätslehre klärt das Wesen der Seelsorge, da sie eine Denkfigur bietet, die Gott und die Menschen aufeinander bezieht und göttliches und menschliches Handeln miteinander verbindet.'[11]

b) Consolatorische Seelsorge

Sibylle Rolf bietet in ihrem Buch „Vom Sinn zum Trost. Überlegungen zur Seelsorge im Horizont einer relationalen Ontologie" von 2003 eine Neubewertung des reformatorischen Freiheitsbegriffs. Sie versteht consolatorische Seelsorge als eine Vermittlung des Trostes Gottes, die die menschlichen Erwartungen (auch die des Seelsorgers) widerspricht, indem er die Sinnlosigkeit bestimmter Situationen offen hält und diese nicht in ein System von Antworten ein-

---

[11] Zit. nach: Ebd., S. 171.

ordnet, sondern vielmehr in der Bedrängnis die gnädige Nähe Gottes verheißt, die den Menschen in eine Geschichte mit Gott führt.

2.5 Wie handle ich nun als schulischer Seelsorger richtig?

Die zuvor genannten Seelsorgekonzeptionen scheinen meiner Meinungen nach allzu theoretisch und zu kompliziert. Aber sie zeigen, wie unterschiedlich die Herangehensweise in Bezug auf die Seelsorge sein kann. Die einen betonen vor allem die theologische, die anderen aber eine mehr psychologische Ausrichtung der Seelsorge. Aber es gibt auch Ansätze, die versuchen, bestimmte Aspekte aus der Psychologie, der Theologie und anderen Richtungen zu kombinieren, um eine neue Form der Seelsorge zu kreieren.

Die Seelsorge in der Schule sollte ebenfalls versuchen, sich nicht spezifisch auf praxistheologische oder psychologische Aspekte zu beschränken. Eine gesunde Mischung aus gelebtem und überzeugtem Glauben bzw. psychologischen und pädagogischen Grundkenntnissen sollte genügen, um die Aufgabe eines Schulseelsorgers zu erfüllen. Nach Absolvierung eines schulseelsorgerischen Grundkurses wäre meiner Ansicht nach jeder Erzieher unter der den eben genannten Voraussetzungen imstande, in der Schulseelsorge tätig zu werden. Die wichtigsten Eigenschaften des Schulseelsorgers liegen sicherlich sowieso im Menschen selbst, d. h. in seiner Persönlichkeit und seinem Umgang mit anderen, speziell jungen Menschen. Diese menschlichen Voraussetzungen möchte ich kurz zusammenfassen:

1. Man sollte keine Seelsorge ausüben, wenn man selbst nicht dazu bereit ist, Seelsorge in Anspruch zu nehmen.

2. Jeder Mensch ist ein Original. und deshalb sollte man den anderen akzeptieren, wie er ist.

3. Auch Menschen mit persönlichen Problemen haben sich bemüht – dies sollte man erkennen und respektieren.

4. Man sollte sich mit dem Ratsuchenden auf eine Stufe stellen.

5. Reden ist wichtig, aber viel wichtiger ist das Zuhören.

6. Im Falle des gemeinsamen Gebets sollte man auf die Formulierung achten, um den Betroffenen nicht zusätzlich zu belasten oder zu verletzen.

7. Man sollte dem Betroffenen nichts einreden.

8. Man sollte sich um Geduld gegenüber dem Betroffenen bemühen und für ihn oder für sie beten.

Es gibt also kein falsches oder richtiges Handeln als Schulseelsorger. Wichtig ist, dass man selbst dazu bereit ist, zuzuhören und zu helfen. Einfach gesagt: So wie Glauben Wissen mit dem Herzen ist, so ist Seelsorge Handeln mit dem Herzen im Glauben.

3. Schulseelsorge und Religionsunterricht

3.1 Ausgangslage

Schulseelsorge und Religionsunterricht verstehen sich beide als Dienst der Kirche in den Schulen. Der Religionsunterricht ist abgesichert durch eine verfassungsrechtliche Grundlage, selbständig und eingebunden in den Kanon der Fächer. Die Rahmenbindungen, Zielsetzungen und Ausführungsbestimmungen sind vorgegeben und bedürfen keiner Überprüfung. Die Schulseelsorge ist nicht zuletzt auf den guten Willen der Schulleitung und dem Lehrerkollegium angewiesen. Sie bewegt sich relativ offen im Raum der Schule und baut ihre Fähigkeit darauf, selbst Initiative zu ergreifen. Ihre Aufmerksamkeit ist ausgerichtet auf die Wahrnehmung des Lebens in der Schule. Von hier aus sucht sie Wege und entwickelt angemessene Maßnahmen, die den Menschen in der Schule Orientierung, spirituelle Erfahrungen und Gemeinschaft ermöglichen. Die Frage nach der Ergänzung und Abgrenzung von Schulseelsorge und Religionsunterricht bleibt also zunächst eine offene, weil beide in Strukturen , Konzeptionen und Entwicklungen verwoben sind.

3.2 Möglichkeiten der Zusammenarbeit

Eine besondere Ausgangslage ergibt sich dort, wo Religionslehrer gleichzeitig Schulseelsorger sind. Sie stehen vor der großen Herausforderung, sozusagen in einem inneren Team die Anliegen und Aufgaben der beiden Bereiche an relevanten Stellen zu unterscheiden. Das Engagement der Lehrkräfte wird häufig nicht angemessen gewürdigt, da außenstehende Betrachter selbstverständlich davon ausgehen, dass Religionslehrer ihr zusätzliches Engagement im Rahmen des Religionsunterrichts leisten. Die schulseelsorgerischen Anliegen und Profile sind selten spezifisch zu erkennen, es sei denn, es liegt ein ausdrücklicher Auftrag für Schulseelsorge vor, der als solcher identifizierbar ist. In dieser Konstellation werden die beiden kirchlichen Dienste in der Schule selten nebeneinander wahrnehmbar. Anders stellt sich die Situation an den Schulen dar, an denen Schulseelsorge und Religionsunterricht durch unterschiedliche Personen vertreten sind. In beiden Fällen gibt es Möglichkeiten zur Veränderung, die zu neuen Perspektiven führen:

1. Wie der Religionsunterricht sich zumeist auf die Aktivitäten der Schüler ausrichtet, so tut dies meist auch die Schulseelsorge. Das Anliegen, dass Schulseelsorge aber auch für alle Menschen der Schule offen ist, geht dabei oft verloren. Man muss daher den Blick auf die Kolleginnen und Kollegen, den Erziehungsberechtigten und der Schulleitung legen.

2. Die Schulseelsorge darf nicht nur in Problemfällen handeln, sondern soll auch im Sinne sinnvoller Freizeitgestaltung, in der Zusammenarbeit mit Lehrern aus anderen Fachrichtungen und in der Suche nach gemeinsamen innerschulischen Interessen aktiv werden. Es gilt also mehr als um ein Da-Sein als Seelsorger, sondern vielmehr auch um ein Gestalten als solcher.

3. Die Bildungsstandards bieten mit ihrem handlungsorientierten Ansatz auch Anlässe, im Rahmen des Unterrichts Kontakte zu den Gemeinden aufzunehmen. Es lohnt sich, in den Kirchen- und Pfarrgemeinden das Bewusstsein zu fördern, dass Schulen als eigenes seelsorgerisches Handlungsumfeld wahrgenommen werden. Die Veränderung der Schule zu offeneren Formen und zum Ganztagesbetrieb fordern dazu auf, dass sich Gemeindemitglieder auf den Weg zu den Kindern und Jugendlichen in der Schule begeben und dort gemeinsam mit ihnen über Gott und dem Leben reden und gestalten.

4. Da der Religionsunterricht die religiöse Kompetenz der Schüler fördert, kann die Schulseelsorge andere Akzente setzen. Die vorrangige Grundhaltung von Schulseelsorgern muss sein, einfach ansprechbar sein zu können. Schulseelsorger haben zudem die Möglichkeit, sich dort einzumischen, wo Menschenfreundlichkeit gefährdet ist und Ungerechtigkeit überhand nimmt.

Als Team können Schulseelsorge und Religionsunterricht aufgrund ihrer spezifischen Anliegen und Möglichkeiten für die Menschen in den Schulen zu Netz- und Knotenpunkten werden, an denen die Kirche von heute ein menschenfreundliches Gesicht zeigt.

Literaturverzeichnis

BITTER, Gottfried [Hsrg.]: Neues Handbuch religionspädagogischer Grundbegriffe, München, 2002.

BÜTTNER, Gerhard: Seelsorge im Religionsunterricht: pastoralpsychologische Untersuchungen zum Zusammenhang von Thema und Interaktion in der Schulklasse, Stuttgart, 1991.

LAMES, Gundo: Schulseelsorge als soziales System: ein Beitrag zu ihrer praktisch-theologischen Grundlegung, Stuttgart [u.a.], 2000.

METTE, Norbert/RICKERS, Folbert [Hrsg.]: Lexikon der Religionspädagogik, Bd. 2 L - Z, Neukirchen-Vluyn, 2001.

MÖLLER, Christian: Einführung in die praktische Theologie, Tübingen [u.a.], 2004.

WINKLER, Klaus: Seelsorge, 2. verb. und erw. Aufl., Berlin [u.a.], 2000.